I ♥ You

For ______________________________

From ______________________________

I *smile when* I *think*

I *love it when you say*

____

You *make me*

____

One day I wish we would

It amazes me how much you know about

No words can express

I'll never forget

I *can not imagine*

Our first kiss

My heart beats faster when

____

Life without you would be

____

I *love the moments*

____

You cheer me up whenever

____

I *wish you*

I *would like to be*

I *admire you for*

____

When I saw you for the first time

I *love*

You *deserve*

A perfect day with you

You make me laugh

The world needs more

____

I *love the way you*

I *am grateful*

Our first date

I *am happy that*

When we are far apart I like to think

____

I *promise*

By your side I feel

Thank you

Printed in Great Britain
by Amazon

37763461R10037